AF568192

Jürgen Haase (Autor) | Ulrich Arendt (Fotograf)

Magdeburg

Fotografien aus den 80er-Jahren

Wartberg Verlag

Danksagung

Danke all jenen, die wieder einmal einen unverzichtbaren Beitrag zum Entstehen dieses historisch-fotografischen Stadtrundgangs geleistet haben. Mögen die vorliegenden Bilder einen kleinen, aber unbestechlichen Eindruck von Aufbauwillen, Herzblut und Liebe vermitteln, mit denen die Magdeburger an der Gestaltung ihrer Stadt arbeiteten und auch künftig weiterarbeiten werden. Ein besonderer Dank des Fotografen und des Texters geht an ihre Partner und Partnerinnen, die ihnen – wie so oft – den Rücken freihielten, dem Team im Stadtarchiv Magdeburg und der Firma „Sieben Medien" für die Digitalisierung der analogen Bildvorlagen, sowie all jenen, die mit Vorschlägen, Hinweisen und Kritiken zum Gelingen dieses Buches beigetragen haben.

Bildnachweis

Alle Fotos Ulrich Arendt außer Fotografien, deren Rechteinhaber am Bild ausgewiesen werden.

Bild- und Quellenverzeichnis, Literatur, Textstellen/Zitate

Stadtplanungsamt – Dokumentationen (Weiße Reihe), Ausgaben: 6/93; 34/98, 39 II; 46; 54; 70; 71; 80; 89
Architektur und Städtebau – Magdeburg, Verlag Janos Stekovics & Landeshauptstadt Magdeburg,
Das große Buch über Magdeburg – Ingo Garloff/Klaus-Peter Voigt; 2009; Edition Limosa
Magdeburger Chronik Jahre 1970; 1980; 1990; www.Magdeburger-Chronist.de
Stadtarchiv Magdeburg
Kennziffernübersicht: Staatliche Zentralverwaltung für Statistik, Kreisstelle Magdeburg (VS)
Statistisches Jahrbuch des Bezirkes Magdeburg 1982
Magdeburg – Statistische Blätter Heft 2, „Das Jahr 1990 in Zahlen", Landeshauptstadt Magdeburg
Magdeburger Chronik – Autor Michael Jäger/digital

1. Auflage 2023

Layout und Satz: Christiane Zay, Passau
Druck und Bindung: optimal media GmbH, Röbel an der Müritz

34281 Gudensberg-Gleichen, Im Wiesental 1
Telefon: (0 56 03) 930 50
www.wartberg-verlag.de
ISBN 978-3-8313-3353-0

Inhalt

Alles hat seine Zeit

... so auch die grundlegenden Veränderungen im Antlitz unserer schönen Landeshauptstadt an der Elbe. Dreimal wurde das Gesicht der inzwischen über 1200-jährigen Elbestadt nachhaltig verändert: während des großen Stadtbrandes am Karfreitag des Jahres 1207, am Blutsonntag im Jahr 1631 nach der Erstürmung durch Tillys Truppen und nach der totalen Zerstörung der Stadt durch angloamerikanische Bomber am 16. Januar 1945. Jedes Mal nach einer Katastrophe entstand unglaublich viel Neues.

So geschehen auch nach der letzten großen, flächenhaften Zerstörung der Altstadt Magdeburgs und der umfangreichen Industriegebiete im Jahr 1945. Und wieder standen die Bürger der Stadt auf, räumten Trümmer weg, putzten Ziegel und Steine und bauten ihre Stadt auf. So manche Straße wurde überbaut, so vieles Alte musste weichen, weil die Zeugnisse und Pläne mit dem gesamten Stadtarchiv im Feuer der Bomben verbrannt waren. Rund um die zerstörten zentralen Altstadtbauwerke und Straßenzüge entstanden große Wohnquartiere im stalinistischen Zuckerbäckerstil. Die Stadtteile Magdeburg-Reform und Olvenstedt, später das Neustädter Feld, wurden errichtet und die Lücken in den Häuserreihen der Vorstädte schrittweise geschlossen. Auch nach Norden dehnte sich Magdeburg weiter aus. Bis an den Neustädter See heran entstanden große Siedlungsquartiere mit einst heiß begehrten Neubauwohnungen. Für Mieten von rund 100 Mark der DDR pro Monat wohnte man zeitgemäß. Die preiswerte Wärme- und Stromversorgung bedeutete für ihre Bewohner eine große Verbesserung ihrer Lebensqualität.

Schauen wir uns gemeinsam Magdeburg in den 80er-Jahren an!

Im Zentrum der Stadt

In den 70er- und 80er-Jahren erlebten die Magdeburger in ihrer Stadt eine dynamische Aufbauphase, die das Lebensgefühl bestimmte.

Der Staat bot den Menschen Bildungsmöglichkeiten, ein funktionierendes Gesundheitswesen, Arbeit, Wohnung - kurzum eine gewisse Sicherheit in Sachen Lebensstandard. Dafür verlangte der Staat von seinen Bürgern u. a. Staatstreue, Dienst an der Waffe und die Pflicht zur Arbeit. Bei alledem wussten die Menschen sehr wohl, dass das Netz der staatlichen Überwachung bis in die Nachbarschaft, ja manchmal bis in die Familie reichte. Dass auf der wirtschaftlichen Seite die Knappheit an Material, vor allem Baumaterial, zu vielen illegalen Beschaffungsmethoden und regen Tauschgeschäften führte, war das Ergebnis einer rigorosen Planwirtschaft, eines kompromisslos organisierten Programms, das die Staats- und Parteiführung vorgab.

Aber dazu mehr auf den folgenden Seiten. Beginnen wir dort, wo viele ankommen, wenn sie nach Magdeburg reisen, auf dem Hauptbahnhof - oder besser: dem Platz davor.

Noch bis weit in die Nachwendezeit, das Foto entstand 1970, bot sich dem Besucher der freie Blick vom Hauptbahnhof der Landeshauptstadt in Richtung Osten zum DDR-Nobelhotel „International" an der großen Süd-Nord-Magistrale der Stadt, der Otto- von-Guericke-Straße. (Foto Hermann Brösel)

Der Blick von der Otto-von-Guericke-Straße in Richtung Stadtzentrum verrät, dass die Bebauung der 1945 total zerstörten Innenstadt auf dem Zentralen Platz zwischen der Wilhelm-Pieck-Allee und der Karl-Marx-Straße 1990 noch nicht begonnen hatte.

Der Blick von der Strombrücke zeigt die Bauarbeiten am ersten Wohnhochhaus Magdeburgs in der Jacobstraße und die fertiggestellten Wohnblocks entlang des ansprechend gestalteten Elbufers.

Schaut man vom Dom in Richtung Norden, offenbaren sich die großen Lücken rund um den Zentralen Platz zwischen Kloster „Unser Lieben Frauen“ und der bis dato zerstörten Pfarrkirche „Sankt Johannis“. Dagegen war die Wohnbebauung im Zentrum der Stadt Ende der 80er-Jahre abgeschlossen. Das total zerstörte ehemalige Naturkundemuseum (im Bild vorn) wurde in jüngerer Zeit das Motel „One“. Ein Teil der Sammlungen (im Foto vorne rechts) ist im Gebäude des Kulturhistorischen Museums untergebracht. Das meiste wurde magaziniert.

Beim Blick über die Elbe fällt eine Hommage an die Bauarbeiter der Stadt auf, das Hotel der Bauarbeiter. Das Bauwerk auf dem Prämonstratenserberg wurde nach der Wende zum Wohnhaus umgebaut. Dom und Kloster Unser Lieben Frauen sind von der zentralen Elbquerung aus, der Strombrücke, gut zu erkennen.

Centrum Warenhaus und Haus der Lehrer prägten den Nordabschnitt der Karl-Marx-Straße, einer beliebten Flaniermeile mit ausgewählten Restaurants für die Magdeburger. Selbst ein Kindercafé gab es in diesem Teil der Straße.

Das Centrum Warenhaus, direkt gegenüber vom Alten Markt, war das erste und größte Warenhaus der DDR, es wurde nach dem Zweiten Weltkrieg neu erbaut. Zwischen dem Wohnhaus und dem Centrum Warenhaus befand sich die beleuchtete Glasskulptur „Lied der Arbeit“, ein beliebter Treffpunkt der Magdeburger. Die Skulptur stammte vom Magdeburger Glasgestalter Reginald Richter. Leider wurde dieses Kunstwerk ebenso wie die von Richter geschaffene „Gläserne Blume“ im einstigen Palast der Republik in Berlin nicht wieder aufgebaut.

Dieses Wohnhaus, wegen seiner blauen Kacheln im Volksmund auch „Blauer Bock“ genannt, stand genau an der Kreuzung der beiden Hauptmagistralen der Stadt, der Wilhelm-Pieck-Allee und der Karl-Marx-Straße. Der Plattenbau umfasste mehr als 300 Wohnungen. In jeder Etage gab es einen Müllschlucker. 1967 erbaut, wurde das Gebäude 2016 abgerissen.

Am nordwestlichen Abschluss des Alten Markts befand sich hinter dem Eulenspiegelbrunnen der Eingang zum Weinkeller Buttergasse. Alte, aus den Trümmern geborgene Hauszeichen neben dem Eingang wiesen Gästen den Weg. In diesen Gewölben tief unter der Stadt einen Platz zu bekommen war Glückssache oder verlangte gute Beziehungen.

Der Blick über das dreiflügelige Rathaus und die zerstörte Pfarrkirche St. Johannis vom Hochhaus der Jacobstraße aus in das südliche Stadtzentrum.

Das Wohnhochhaus in der Jacobstraße
wurde in den 70er-Jahren erbaut.
Die Wohnsiedlung zwischen dem
Petriförder und dem Stadtzentrum
ist bis heute ein begehrtes Quartier.

Die Kundgebungen und Demonstrationen zum 1. Mai und weitere Aufmärsche, wie mit dem Aufruf zum X. Parteitag der SED (1981), verliefen in den 80er-Jahren weitestgehend ritualisiert. Der Demonstrationszug sammelte sich im Umfeld der Otto-von-Guericke-Straße und dem Hauptbahnhof und marschierte über die Wilhelm-Pieck-Allee an der Tribüne vorbei. Diese stand auf der Grünfläche in Höhe der gesprengten Ulrichskirche nahe der zentralen Kreuzung. Unmittelbar hinter der Tribüne löste sich der Demonstrationszug wieder auf.

St. Johannis, die einst größte Pfarrkirche Magdeburgs, blieb als Mahnmal für die Zerstörungen des Zweiten Weltkrieges bis weit in die 90er-Jahre hinein als Ruine im Stadtbild bestehen. Nur der Südturm wurde repariert und war für Besucher zugänglich. Hier der Blick von der Elbuferpromenade aus. Die dreischiffige Hallenkirche prägt als dominanter Kirchenbau an der Elbe neben den zwei Kirchen St. Petri als Universitätskirche und der Wallonerkirche St. Augustin sowie der Magdalenenkapelle die Silhouette des Stadtzentrums.

Der Südabschnitt der Karl-Marx-Straße

Das urbane Gründungszentrum Magdeburgs lag vor mehr als 1200 Jahren auf dem Domplatz, was durch umfangreiche archäologische Grabungen bewiesen wurde. Noch in den 80er-Jahren wurde der Platz neu gestaltet. Die einstige Lehreinrichtung „Ingenieurschule für Wasserwirtschaft Magdeburg“ (Bildmitte) beherbergt inzwischen den Landtag von Sachsen-Anhalt.

In den Gebäuden an der Ostseite des Domplatzes sind aktuell das Ministerium für Justiz und Verbraucherschutz und verschiedene andere Regierungsinstitutionen untergebracht. Rechts neben dem Ministerium befindet sich das Haus der Romanik und mit der Möllenvogtei das älteste Haus im einstigen Ansiedlungsgebiet der Stadt. Das fünfstöckige Wohnhaus links im Bild wurde abgerissen und nach der Wende durch einen repräsentativen Mehrzweckbau der Nord-LB sowie die „Grüne Zitadelle“, im Volksmund nach ihrem genialen Architekten Friedensreich Hundertwasser „Hundertwasserhaus“ benannt, ersetzt.

Heute sind rund um den Domplatz Bauten aller Zeitepochen zwischen Romanik und Moderne gut zu studieren. Unter dem Domplatz wurden die Reste des ursprünglichen ottonischen Doms sowie die ersten Anlagen der Stadt aus der Gründer- und Frühzeit Magdeburgs ausgegraben, dokumentiert und anschließend wieder versiegelt.

Der Breite Weg galt als eine der schönsten Barockstraßen Deutschlands. Im Zweiten Weltkrieg wurden fast jedes der prunkvollen Bürgerhäuser zerstört. In den 80er-Jahren lud ein kleines Straßencafé in einer der wenigen erhalten Häuser auf der Karl-Marx-Straße an der Ecke zur Himmelreichstraße, zum Verweilen ein.

Der neu erbaute und 1989 eingeweihte Fruchthof auf dem Terrain der abgerissenen Leiterstraße zog viele Magdeburger an. Schließlich gab es öfter mal frei verkäuflich Südfrüchte, eine Mangelware in der DDR. Spezialgeschäfte wie zum Beispiel der Rostocker Fischladen fanden sich an mehreren Stellen der Stadt und waren ebenfalls gut frequentiert.

Die kleine Galerie „Himmelreich“ in der Himmelreichstraße, hier mit Blick auf die Rückfront des Hotels International, präsentiert bis heute, wenn auch an einem anderen Standort, erfolgreich Kunstausstellungen.

In unmittelbarer Nähe befand sich der erste und einzige Neubau für ein Kabarett in der DDR. Die „Kugelblitze“ traten dort ab 1977 auf.

Einen rege frequentierten und sehenswerten Abschluss erhielt das östliche Ende der Leiterstraße mit dem Kunstwerk des großen Magdeburger Bildhauers Heinrich Apel, dem großartig gestalteten Faunbrunnen (im Volksmund auch Teufelsbrunnen genannt). Im Bild sind die Bauarbeiten zum Brunnen zu sehen, der 1986 feierlich eingeweiht wurde.

Wohn- und Geschäftsbauten der sozialistischen Moderne prägen die Fußgängerzone Leiterstraße im südlichen Stadtzentrum. Im Vordergrund der fertiggestellte Faunbrunnen.

Mit einem großen, gut verteilten Baumbestand zählte Magdeburg einst zu den grünsten Städten der DDR. Brunnen wie der am Zugang zum Domplatz sprudelten an vielen Stellen zwischen Hasselbachplatz und Maxim-Gorki-Theater (dem heutigen Opernhaus).

Industrielle Zweckbauten wie an der Karl-Marx-Straße bestimmten das Stadtbild im Zentrum maßgeblich. Die Häuserzeilen entlang der Karl-Marx-Straße prägten in verschiedenen Ausführungen den ganzen Südabschnitt.

Die Kirche St. Sebastian, heute im Rang einer Kathedrale, und der neoklassizistische Bau des Hauptpostgebäudes in niederländischer Gotik (an der Gebäude-Westseite im Stil deutscher Renaissance) bildeten einen historischen Blickfang an der damaligen Karl-Marx-Straße, dem heutigen Breiten Weg. Direkt gegenüber dem Hundertwasserhaus gelegen, gehört das Ensemble inzwischen zu den schönsten Straßenabschnitten im Zentrum der Stadt.

Die Hegelstraße mit ihren großen gründerzeitlichen und klassizistischen Bürgerhäusern war neben dem Fürstenwall eine beliebte Flaniermeile der Magdeburger.

An der Liebigstraße, einer Verbindungsstraße zwischen dem Schleinufer und dem Hasselbachplatz, befand sich in einem Hinterhaus das Baugeschäft Hanack. Das Gebäude gibt es heute nicht mehr. Rudolf Hanack war der Erbauer des „Langen Heinrich“, des langen Schornsteins des ehemaligen Krupp-Grason Werks, heute SKET GmbH. Der höchste Schornstein der Stadt wurde von 1921 bis 1922 erbaut und maß an der Schlotöffnung in 108 Metern Höhe immer noch 2,8 Meter im Durchmesser. Der Lange Heinrich gehörte zu den Wahrzeichen Magdeburgs, wurde 2009 gesprengt und wird von den Alteingesessenen seitdem schmerzlich vermisst.

In den Straßen, die in den Hasselbachplatz münden, der zweiten großen Kreuzung in Magdeburgs Altstadt, wurden die zum Teil ausgebombten, alten Bürgerhäuser wieder aufgebaut. Dieser Prachtbau markiert die Einmündung von der Einsteinstraße in die Otto-von-Guericke-Straße. Der Hasselbachplatz mit den eindrucksvollen Gründerzeitbauten wurde nach dem Oberbürgermeister Carl Gustav Friedrich Hasselbach benannt, unter dessen Leitung Magdeburg zur Industriegroßstadt entwickelt wurde.

Die Elbe – Lebensader

Von jeher haben die Elbestädter eine enge Bindung an ihren Fluss. Zahlreiche Mythen und Sagen ranken sich um die Elbe, nicht nur in der Region Magdeburg. Der Dom steht auf felsigem Untergrund, der die Schifffahrt aufgrund eines weit in die Elbe ragenden Gesteinssporns an dieser Stelle stark behindert. Ein Abfräsen kommt infolge der sich verändernden Strömungsverhältnisse und der dann vermutlich eingeschränkten Standsicherheit des Magdeburger Doms kaum infrage.

Besonders für die Tschechoslowakei, aber auch für das Oberland der DDR, war die Elbe neben der Oder eine wichtige Wasserstraße. Motorgüterschiffe und Schubverbände der tschechischen Reedereien fuhren bis Hradec Kralove elbauf- und elbabwärts. Die Deutsche Binnenreederei transportierte viele Schüttgüter und große Industrieausrüstungen bis nach Hamburg.

In den 80er-Jahren galt der Magdeburger Hafen als größter Binnenhafen der DDR und als Drehkreuz des Ost- und Westhandels, der über den Mittellandkanal abgewickelt wurde. Aber auch für Freizeit und Sport hat und hatte der Strom eine große Bedeutung.

Die Fahrten mit der Weißen Flotte Magdeburg führten auch über das Schiffshebewerk Rothensee – eine großartige ingenieurtechnische Leistung. Es wurde 1938 in Dienst gestellt.

Im Winter machten die Eisschollen die Schifffahrt auf dem Strom unmöglich, zauberten aber großartige Stimmungen in die Landschaft. Auf dem Bild sind die Eisaufschiebungen an der Rotehornspitze gut zu erkennen. Die Elbe teilt sich an dieser Stelle in Stromelbe und Alte Elbe.

1995 zog die Ausstellung über den Magdeburger Bürgermeister Otto von Guericke aus dem kulturhistorischen Museum in die Lukasklause (vgl. Foto). Der ehemalige Wehrturm wurde in der DDR-Zeit u. a. als Kindergarten und „Station junge Techniker“ genutzt. Heute wird wieder Bildungsarbeit unter dem Titel „Otto von Guericke zum Anfassen“ im Guerickianum für Schülerinnen und Schüler aus zahlreichen regionalen Schulen angeboten. Manche Schulklassen kommen sogar bis aus dem brandenburgischen Potsdam. Träger ist die Otto-von-Guericke-Gesellschaft/ Otto-von-Guericke-Stiftung.

Die Alte Elbe führte in den Jahren vor der Jahrtausendwende wesentlich mehr Wasser als heute. Am Cracauer Wasserfall, einer kleinen künstlichen Staustufe, die für größere Eintauchtiefen für die Boote der Wassersportler oberhalb des Wehres diente, türmten sich im Winter die Eisschollen auf. Oberhalb des Damms haben die Ruderer, Segler und Kanuten ihre Vereinsdomizile.

Eine faszinierende Nachtaufnahme. Über die Zollelbe blickte man zum Hochhaus auf dem Werder.

Zwischen Elbe und Hegelstraße

Der Domplatz mit dem Dom St. Mauritius und Katharina war auch in den 80er-Jahren ein zentrales Bindeglied zwischen nördlichem und südlichem Stadtzentrum, der Elbe und dem Breiten Weg.

Der Elbbahnhof wurde 1839 erbaut. Die Abstellgleise unterhalb des Doms, die auf dem Foto zu sehen sind, nutzte man jahrzehntelang zum Zusammenstellen von Transporten wichtiger Industriegüter und Produkte aus den Magdeburger Betrieben. Über die Hubbrücke wurde der Eisenbahnverkehr nach Berlin abgewickelt. 1998 wurde der Güterbahnhof stillgelegt. Seit 2013 stehen auf dem historischen Gelände moderne Terrassenhäuser.

Die Kanonenbahn – volkstümlich so genannt, weil sie zwischen 1946 und 1991 von sowjetischen Garnisonstruppen genutzt wurde – führte zunächst über die Hubbrücke, die die Stromelbe überspannte und schließlich über zwei Alt-Elbarme in Richtung Berlin.

Dieses technische Meisterwerk, die Hubbrücke, wurde für die Eisenbahnstrecke nach Berlin gebaut. Sie überspannt den Strom und wurde bei der Durchfahrt der großen Schiffe oder solcher mit übergroßen Ladungen sowie bei Hochwasser so weit in die Höhe gehoben, dass der Schiffsverkehr nicht behindert wurde.

Die prächtigen Häuser in der Hegelstraße, hier an der Einmündung der Liebigstraße, waren sehr gefragt und beliebt. Die großzügig geschnittenen Wohnungen zeichnen sich durch eine ruhige Lage aus und befinden sich dennoch im Zentrum der Stadt.

Entlang der Elbe nach Süden

Wohnungen waren knapp und das wohl größte je beschlossene Wohnungsbauprogramm in der DDR wurde auch in Magdeburg umgesetzt. Jede Fliese und jeder Sack Zement wurde für die Neubauten gebraucht. Da blieb kein Raum für Instandhaltungsinitiativen an den Altbauten, die zumeist in privatem Besitz waren, wie in den Stadtteilen Buckau, Fermersleben, Salbke und Westerhüsen. Die überwiegend verstaatlichten Versorgungseinrichtungen boten meist ein sehr überschaubares Angebot an Waren des täglichen Bedarfs.

Eine Gierseilfähre in Westerhüsen, dem südlichsten Stadtteil Magdeburgs, verbindet diesen Vorort mit dörflichem Charakter mit dem Naturschutzgebiet Kreuzhorst. Das beliebte Ausflugsziel der Magdeburger ist bis heute stark frequentiert. Nur Autos dürfen seit den 80er-Jahren nicht mehr übersetzen, da das Befahren des Waldgebiets den land- und forstwirtschaftlichen Maschinen vorbehalten bleibt. Vom bekannten Ausflugslokal „Mückenwirt“ im Stadtteil Buckau aus setzt man mit der zweiten Magdeburger Fährverbindung, einer Personenfähre, direkt über in den Kulturpark Rotehorn.

In der nördlichen Neustadt

Mit dem industriellen Plattenbau gelang es, wie hier am Paul-Markowski-Platz, innerhalb von zwei Jahrzehnten in Magdeburg den erforderlichen Wohnraum mit zeitgenössisch hohem Komfort zu schaffen. Die Wohngebiete im Norden Magdeburgs (Baubeginn 1981 mit 15.000 Neubauwohnungen), im Neustädter Feld (Baubeginn 1977 mit 5000 Neubauwohnungen) und im Stadtteil Reform erhielten allesamt Zentralheizung. Die Mieten beliefen sich auf maximal 1,20 Mark je Quadratmeter Wohnfläche und machten nur einen geringen Teil des Monatseinkommens aus. Die staatlichen Bauprojekte sicherten einen hohen Lebensstandard für die ganze Familie und ein nachhaltiger Brennstoffeinsatz über ein großes Fernwärmenetz entledigte die Bewohner der Sorgen des Heizens.

Nach der Wende wurden die Nachteile dieser doch etwas uniformen Stadtteile durch kreative architektonische Maßnahmen reduziert. Dabei werden inzwischen die Vorteile der äußerst stabilen und haltbaren, industriell gefertigten Plattenbauweise durchaus wieder gesehen.

Die spielenden Kinder hatten kaum Versteckmöglichkeiten. Eine strikte Priorisierung in der Planung hatte zur Folge, dass Natur und Umwelt sowie Kultureinrichtungen erst nach der Fertigstellung der Wohnquartiere in Angriff genommen wurden. Heute sind die Stadtteile begrünt und besitzen zahlreiche kulturelle und sportliche Betätigungsmöglichkeiten.

Gleiches muss für die Neubaugebiete im Norden der Stadt, Neu-Olvenstedt, Neustädter Feld, Kannenstieg und Neustädter See und das südliche Neubaugebiet der Stadt, Magdeburg-Reform, gesagt werden. In allen neu entstandenen Stadtteilen wurde die notwendige Infrastruktur mit Kinderkrippen, Schulen, Einkaufsstraßen und Arztpraxen sofort gebaut und in Betrieb genommen. In den Jahren 1971 bis 1990 wurden in der Stadt 99.225 Wohnungen errichtet.

Kontraste wie an der Lübecker Straße blieben in der Aufbauphase nicht aus.

Auch an die Kunst wurde gedacht. Der ansprechend gestaltete Fischbrunnen auf der Elbuferpromenade im Stadtzentrum, gefertigt vom Magdeburger Metallgestalter Wilfried Heider, ist auch als Winterbrunnen ein echter Hingucker.

Die Fernwärme für die Neubaugebiete wie für das Neubaugebiet Nord wurden teils über kilometerlange Versorgungsleitungen in die Wohnquartiere transportiert. Die Bau- und Erschließungsstraßen waren oft in einem erbärmlichen Zustand.

Vor dem Bau der Westtangente war die Autofahrt in den Norden des Bezirks und weiter zur Ostsee nur über eine zweispurige Landstraße möglich. Sie führte meist mitten durch Dörfer und Ansiedlungen.

Die 14 Kilometer lange Schnellstraße, Westtangente, Ring oder auch Tangente genannt, sichert als Nord-Süd-Magistrale mit zahlreichen Zu- und Abfahrten eine schnelle Anbindung der Stadtteile an die Autobahn und die Schnellstraße 189 in Richtung Stendal sowie an die Fernverkehrsstraße 81 in den Harz. Damit wurde der Durchgangsverkehr durch die Stadt wesentlich verringert. Die vierspurige, kreuzungsfreie Straße wird heute durchschnittlich von 70.000 Fahrzeugen pro Tag genutzt.

Das Herz der Magdeburger Industrie

Großbetriebe Magdeburgs waren neben vielen anderen der VEB Schwermaschinenbau-Kombinat Ernst Thälmann (SKET), der VEB Schwermaschinenbau Georgi Dimitroff (GDW), der VEB Förderanlagen 7. Oktober (FAM), der VEB Schwermaschinenbau Karl-Liebknecht (SKL), das Magdeburger Armaturenwerk (MAW), die VEB Werkzeugmaschinenfabrik Hermann Matern (MWF) oder der VEB Entstaubungstechnik Edgar Andrè (ETM). Aber auch Magdeburger Damenmoden, Spezialbaukombinate, Wasserstraßenbau und viele andere große Betriebe waren wertschöpfend tätig. Eine international herausragende Rolle spielten dabei Produkte des Schwermaschinen-, Verseilmaschinen-, Motoren-, Werkzeugmaschinen-, Förderanlagen- und Armaturenbaus.

Wenn ein Produkt aus den Magdeburger Großbetrieben auf die Reise zum Hafen oder Überland ging, mussten schon mal die Oberleitungen der Straßenbahnen angehoben werden. Die Magdeburger zeigten Verständnis, waren stolz und freuten sich über die Kreativität der Beteiligten. Auch dieser Reaktor für die Chemieindustrie musste quer durch die Stadt transportiert werden. Wurden 1989 noch mehr als 2,2 Millionen Tonnen im wichtigsten Binnenhafen der DDR umgeschlagen, sank bereits im Jahr 1990 der Gesamtumschlag auf 1,8 Millionen. Tonnen.

Wenn in der Stahlgießerei des Schwermaschinenbau-Kombinat Ernst Thälmann an der Dodendorfer Straße, Betrieb PV20, der Stahl windgefrischt wurde, konnte man die Wäsche, die man zum Trocknen aufgehangen hatte, gleich wieder in den Zuber tun. Aufgrund einer rasanten Stadtentwicklung lag die alte Stahlgießerei auf einmal mitten in der Stadt. In den 70er- bis 80er-Jahren des vergangenen Jahrhunderts wurde aus diesem Grund eine Stahlgießerei im Industriegebiet Rothensee im Norden Magdeburgs errichtet. Heute steht die SKET GmbH in der Tradition des angesehenen Magdeburger Maschinenbaus. Das Unternehmen beliefert u. a. Windenergienanlagenhersteller.

Der Blick zur Großgaserei im Norden der Stadt über die Teerseen und Müllkippen verrät, dass Fragen des Umweltschutzes im Bewusstsein der Verantwortlichen keine Rolle spielten.

Polikliniken und Krankenhäuser

Insgesamt gab es in Magdeburg 1990 acht Krankenhäuser und zahlreiche Polikliniken. Außerdem sorgten 14 Alten- und Pflegeheime in der Bezirkshauptstadt sich um das Wohl der Magdeburger. Nach der Wende wurden die Polikliniken in Magdeburg zunächst geschlossen. Inzwischen werden solche Einrichtungen wieder – jedoch unter den Bezeichnungen Ärztehaus, Ambulanz oder Praxisklinik – als zentrale Gesundheitseinrichtungen mit kurzen Wegen für die Hilfesuchenden gefördert. Die Kinderklinik gehörte strukturell zur Medizinischen Akademie (früher Gustav-Riecker-Krankenhaus) im Süden Magdeburgs.

Über die ganze Stadt verstreut gab es Polikliniken und Gesundheitseinrichtungen, die großen Betrieben angegliedert waren, Sie wurden u. a. rege für Vorsorgeuntersuchungen genutzt und standen der ganzen Bevölkerung zur Verfügung. Die Einrichtungen waren im Regelfall mit zahlreichen Fachärzten besetzt, was viele Laufwege unnötig machte, schnelle Hilfe garantierte und lange Wartezeiten auf ein Minimum reduzierte. Zumeist waren Apotheken angegliedert, bei denen der Patient seine Medikamente zuzahlungsfrei erhielt.

Die Notaufnahme der Medizinischen Akademie (vormals Gustav-Riecker-Krankenhaus) an der Leipziger Chaussee. (Foto Archiv der Otto-von-Guericke-Universität Magdeburg)

Die Poliklinik am „Tränsberg“ lag in der Stadtmitte und versorgte ebenso wie das Krankenhaus Altstadt die Bewohner der Stadtmitte mit ärztlichen Leistungen. Diese Klinik ist auch nach mehr als 30-jährigem Bestehen erfolgreich.

Von klein auf

Bildung war untrennbarer Bestandteil der Staatsdoktrin der DDR. Selbst Finnland interessierte sich einst für das zentralistische, straff organisierte Bildungswesen, das eine hohe Allgemeinbildung und den Abschluss einer zehnklassigen Polytechnischen Oberschulausbildung regelhaft festschrieb.

Alle Stadtteile waren optimal mit Schulobjekten ausgestattet. Magdeburg verfügte am Ende der 80er-Jahre über ein dichtes Netz von 68 Polytechnischen Oberschulen für die Klassen eins bis zehn und über drei Erweiterte Oberschulen (heute Gymnasien), sowie 12 Sonderschuleinrichtungen. In den Schulen wurde der Polytechnische Unterricht mit dem Fach „Einführung in die sozialistische Produktion" ab Klasse sieben Pflicht. In vielen Betrieben Magdeburgs gab es spezielle Lehr- und Lernwerkstätten, in denen allen Schülern verschiedene Grundfertigkeiten zur Herstellung von Produkten vermittelt wurden.

Die EOS „Otto von Guericke“ war eine von drei Erweiterten Oberschulen Magdeburgs, die ihre Schülerinnen und Schüler bis zum Abitur führten. Von der POS, der Polytechnischen Oberschule, konnte man auf Grundlage guter Leistungen mit dem Abitur die Hochschulreife erreichen und danach direkt zum Studium wechseln.

Die frühkindliche Bildung war aufgrund des Bildungsmonopols des Staates ebenso gesichert wie die Unterbringung in den Kinderkrippen. In den pädagogischen Konzepten der Vorschuleinrichtungen, die teilweise ideologisch indoktriniert waren, waren neben dem spielerischen Lernen Heimatkunde, Familie und friedlicher Aufbau wichtig. Eine Freilichtausstellung der Amateur-Fotografen des SKET über Magdeburg, die mit einer Goldmedaille geehrt wurde, wurde selbst bei den Arbeiterfestspielen 1980 in Rostock von den Jüngsten bestaunt. 1986 wurde diese Ausstellung bei den Arbeiterfestspielen in Magdeburg erneut gezeigt.

Unsere jüngsten Magdeburger feierten fröhlich in den schulischen und vorschulischen Einrichtungen und das nicht nur zu Fasching. In den liebevoll angefertigten Kostümen spiegeln sich die Freude und Bewunderung für ihre persönlichen Heldenfiguren wieder.

Um einen Ausbildungsplatz musste sich in der DDR keiner sorgen. Aber nicht immer entsprach der Lehrlingsplatz den Wünschen der Jungen und Mädchen. Allerdings hatte jeder nach Abschluss seiner Ausbildung einen Arbeitsplatz und soziale Sicherheit gehörte zum Standard.

Die Technische Hochschule Otto von Guericke Magdeburg, hervorgegangen aus der 1952 gegründeten Hochschule für Schwermaschinenbau, war eine in der Republik bekannte ingenieurwissenschaftliche Bildungseinrichtung auf den Gebieten des Maschinen- und Anlagenbaus. Am N-Gebäude informierten Thermometer die Magdeburger beim Vorbeifahren über das Wetter. Viele Studierende blieben in den 80er-Jahren in Magdeburg und arbeiteten fortan in den großen Kombinatsbetrieben des Schwermaschinen- und Anlagenbaus. Im Jahr 1961 wurde der Hochschule der Status Technische Hochschule mit dem Namen „Otto von Guericke“ verliehen, 1987 folgte die Statusänderung in Technische Universität und 1993 schließlich die Gründung der Otto-von-Guericke-Universität Magdeburg. Die technische Universität wurde mit der Pädagogischen Hochschule und der Medizinischen Akademie vereint.

Im Jahr 1989 zählte die akademische Bildungseinrichtung „Technische Hochschule Magdeburg“ (THM) mehr als 7000 Studenten, 2022 waren es ca. 13.000 junge Männer und Frauen, Tendenz steigend. (Foto: Archiv Otto-von-Guericke-Universität Magdeburg)

Einer guten Tradition folgend wurden die frischgebackenen Doktoren nach der Promotion direkt vor dem Rathaus am Denkmal Otto von Guericke mit einer tollen Laudatio geehrt.

Zu den alljährlich zentral organisierten Maifeierlichkeiten gehörte eine Demonstration. Die Sammelgebiete waren Straßenzüge rund um die Wilhelm-Pieck-Allee. Eine große Tribüne für Staatsgäste und geladene Werktätige wurde auf der Grünfläche des ehemaligen Standortes der Ulrichskirche aufgebaut. Nach dem Vorbeizug der Betriebe, angeführt von der jeweiligen Betriebsleitung, wurde meist auf dem Parkplatz zwischen Stadt Prag und Goldschmiedebrücke weitergefeiert.

Geselligkeit, Kultur und Sport

Im DDR-Sport waren die Magdeburger Ruderer und Kanuten bis zur Wendezeit eine feste Größe auf den Siegerpodien dieser Welt. Möglich machte es eine ausgefeilte Nachwuchssicherung, die sich auch im Fuß-, und Handball bestens bewährte. Dabei gingen die Trainer in die Schulen und Vereine, um junge Menschen dafür zu begeistern, Leistungsträger des Sports zu werden. Der Olympiastützpunkt Magdeburg umfasste die Sektionen Rudern, Kanu, Handball, Schwimmen und Leichtathletik. Ganze 84 Sporthallen, 19 Bootshäuser, vier Schwimmhallen und zahlreiche andere Sportanlagen konnten die Magdeburger in ihrer Freizeit neben den drei großen Naherholungszentren kostenlos nutzen. Diese staatlich geforderte und geförderte Massensportentwicklung garantierte eine breite Auswahl an Spitzensportlern, die gezielt und spezifisch gefördert wurden. Der Hochleistungssport wurde mit ausgewählten Sportlern ausschließlich in gesonderten Trainingsbereichen in der Republik trainiert. Dort konzentrierten sich auch die entsprechenden Betreuungspersonen und -möglichkeiten, allerdings leider auch die Dopingfälle. Der breite Einsatz von Dopingmitteln und der restriktive Umgang mit Sportlern und Trainern wird inzwischen in vielen Ländern kritisch gesehen, bzw. bekämpft.

Kultur und Sport wurden in Magdeburg von jeher großgeschrieben. Hervorzuheben ist, dass die Verwaltungen der Stadt, des Kreises und des Bezirks kollektiv agierten. So war es möglich, dass sehr schnell eben mal ganze Straßen gesperrt werden konnten, wie für das K-Wagenrennen auf dem Schleinufer.

Bei sommerlichen Temperaturen zog es viele Magdeburger Jungen und Mädchen nach der Schule ins Freibad an der Ecke Leipziger Straße/ Kirschweg, eines von mehreren Frei- und Hallenbädern der Stadt.

Ob zum 1. Mai, den Stadtfesten oder dem Tag der Republik am 7. Oktober, jedes Mal waren viele Tausend Magdeburger mit den Gästen in ihrer Stadt unterwegs. Alle nutzten solche Gelegenheiten für gemeinsame Ausflüge mit Kollegen, Freunden oder der Familie. Auch zu den Arbeiterfestspielen 1986 zog es viele Magdeburger in die Innenstadt.

Die 21. Arbeiterfestspiele vom 3. bis 6. Juli 1986 wurden mit zahlreichen Veranstaltungen in Orten des gesamten Bezirks Magdeburg gefeiert. Neben Magdeburg als Zentrum spielten Wolmirstedt und das Kaliwerk Zielitz eine maßgebliche Rolle. So wie hier an einer Bastelstraße wurden zu fast allen Großveranstaltungen Angebote für Kinder arrangiert.

Auf dem Rummelplatz, hier zwischen dem Pferdetor und dem Albin-Müller-Aussichtsturm, waren die Fahrgeschäfte stets gut ausgelastet.

Eine tierische Stadtrundfahrt.

Die Tanz- und Laienspielgruppen des Ensembles der Schwermaschinenbauer vom SKET Magdeburg begeisterten mit ihren Aufführungen regelmäßig viele Menschen.

1982 feierte das Kabarett „Prolästerrat“ der damaligen Technischen Hochschule Magdeburg sein zehnjähriges Bestehen. Gekonnt und offen nahmen die Studenten und Absolventen in ihrem Kellertheater die Gesellschaft mit all ihren Unzulänglichkeiten auf die Schippe.

Die Ottojanercrew legte zum Karneval tolle Tänze aufs Parkett und zeigte, dass das Studentenleben richtig Spaß machen kann. Gefeiert wurde der Karneval seit 1955 unter der Leitung der Karnevalsvereinigung der Ottojaner im großen Stil. Stadthalle, AMO-Kulturhaus, Hyparschale und Kristallpalast waren die Hochburgen des Karnevals.

Die Bördebrothers heizten dem Publikum richtig ein.

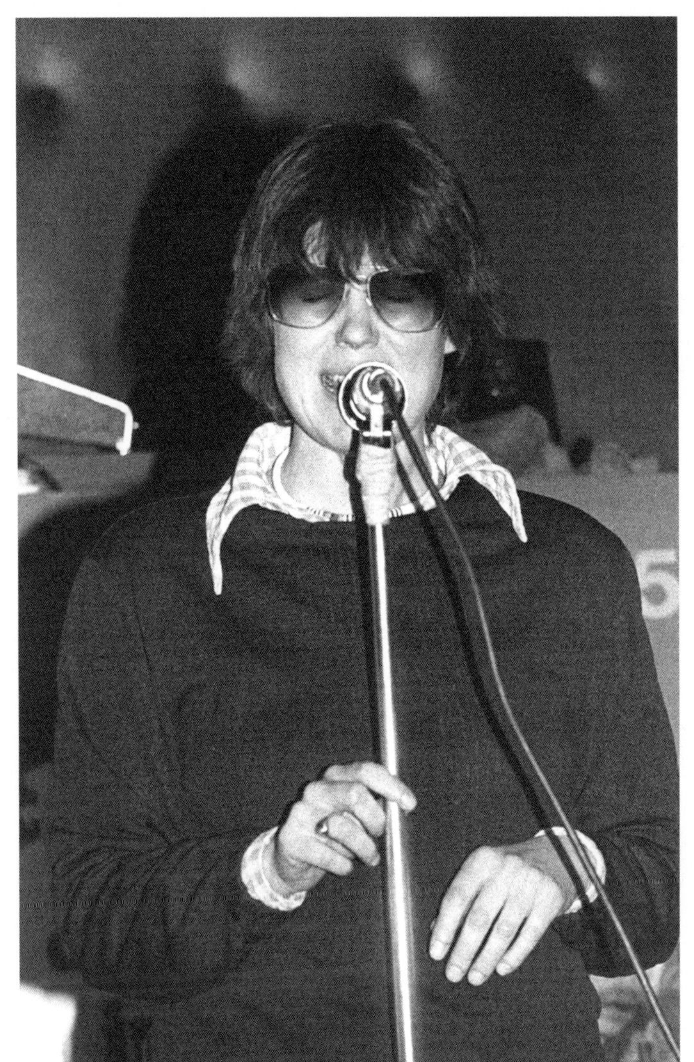

Wie hier im Café Impro in der Liebigstraße „steppte der Bär“ in vielen Magdeburger Clubs. Jazz-Ikonen wie Uschi Brüning (Bild) ließen sich nicht lange bitten und begeisterten die Magdeburger.

Das Pferdetor neben der Stadthalle Magdeburg. Die Entwürfe für das Pferdetor und den Aussichtsturm wurden von dem Architekten Professor Albin Müller erstellt. Die Stadthalle wurde für die Deutsche Theaterausstellung nach Plänen von J. Göderitz erbaut. Nach der Grundsteinlegung am 5. Januar 1927 wurde die 100 Meter lange Halle bereits am 29. Mai 1927 ihrer Nutzung übergeben.

Für die Leseratten Magdeburgs war der Bücherfreund am Hasselbachplatz die erste Adresse. Dort fanden auch regelmäßig gut besuchte Solidaritätsbasare und Lesungen mit Schriftstellern und Buchautoren aus der ganzen DDR statt.

Auf Solibasaren, Stadtfesten und weiteren Veranstaltungen wurden Arbeiten der Volkskunst und kleingärtnerische Produkte für einen guten Zweck verkauft.

Auch Ausstellungen gehörten ins Kulturleben Magdeburgs. Der Bezirksfotoclub zeigte kurz vor dem Wendeherbst 1989 in der Lukasklause Werke aus dem umfangreichen Schaffen seiner Mitglieder.

Der Jazzmusiker Warnfried Altmann spielte oft zu Vernissagen, so auch in der Lukasklause.

In der architektonisch einmaligen und sehr sehenswerten Hyparschale auf der Kultur- und Freizeitinsel der Magdeburger, dem Rotehornpark, fanden zahlreiche Veranstaltungen und Messen statt. So auch die Kunstausstellung des Verbandes der Bildenden Künstler im Bezirk Magdeburg mit den Schwerpunkten Malerei/Grafik, Plastik, Glasgestaltung, industrielle Formgestaltung und Keramik im Jahr 1979. Die Hyparschale, nach Plänen von Ulricht Myther erbaut 1969, gehört zu den herausragenden Baudenkmälern in Magdeburg.

Viele Magdeburger zog es nach getaner Arbeit ins Grüne. Davon war rund um die Bezirkshaupstadt genügend vorhanden. Im Naturschutzgebiet „Kreuzhorst“ im Süden der Bezirkshauptstadt konnte man in ausgedehnten Waldgebieten zwischen den langsam verlandenden Alt-Elbarmen ausspannen und wandern, ohne auch nur einem Menschen zu begegnen. Auf der B81 war man schnell im Harz und entlang der Elbauen gab es zahlreiche Sehenswürdigkeiten und Naturschönheiten zu bewundern.

Im Norden Magdeburgs luden Herrenkrug und das Gelände der Pferderennbahn zu ausgedehnten Spaziergängen an der Elbe ein. Das Parkhotel Herrenkrug wurde lange Jahre nur teilweise genutzt und verfiel in den 80er-Jahren zunehmend. In der Nachwendezeit wurde es umfassend saniert und wiedereröffnet.

Das Kleingartenwesen nahm in Magdeburg und Umgebung einen der wichtigsten Plätze in der Gestaltung der persönlichen Freizeit ein, bereicherten doch die Ernten das knappe Angebot an Gemüse und Obst. Körperlicher Ausgleich, das Abschalten und die Freude an der Ernte waren der Lohn für fleißiges Schaffen nach getaner Arbeit. Die Magdeburger erholten sich in 15.000 Gärten, organisiert in 225 Vereinen des Stadtverbandes. Rund 640 Hektar Grün- und Ackerfläche wurden so nachhaltig und klimafreundlich bewirtschaftet.

An den Wochenenden stieg den Spaziergängern der Duft von frisch Gegrilltem in die Nasen. Dass kräftig gefeiert wurde, der Gemeinsinn und die gegenseitige Hilfe gefördert und entwickelt wurden, war klar. Es brachte jeder etwas mit.

Der Stadtpark Magdeburgs war von jeher ein Hort der Entspannung, ein Treffpunkt für Jung und Alt, eine Stätte für Spiel, Spaß und Erholung.

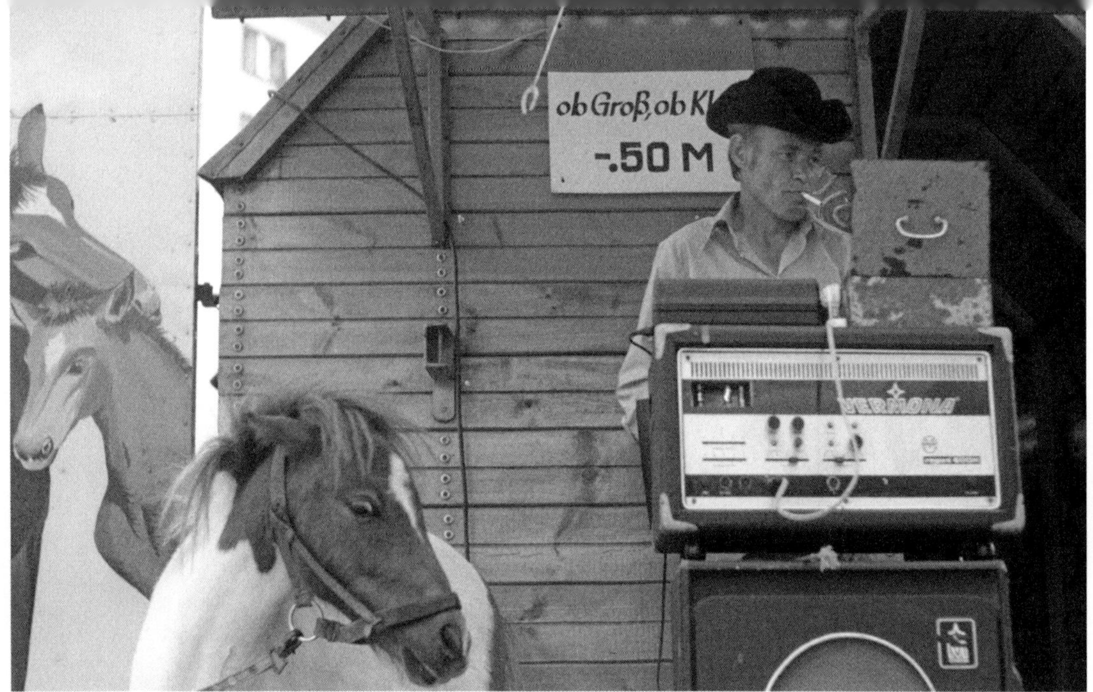

Sogar Ponyreiten wurde im Stadtpark angeboten.

Gastronomisch betrachtet war die Jägerhütte inmitten des Stadtparks das lukullische Highlight schlechthin. Schade, dass sie nach einem missglückten Sanierungsversuch nicht wieder aufgebaut wurde.

Eisläufer frönen auf dem Adolf-Mittag-See ihrem Hobby. Wer in den 80er-Jahren aus dem Süden Magdeburgs in den Stadtpark wollte, musste lange Umwege über das Stadtzentrum in Kauf nehmen. Die Sternbrücke als direkte Verbindung war nach dem Zweiten Weltkrieg während des Rückzugs von der deutschen Wehrmacht gesprengt worden. Erst nach dem Jahrtausendwechsel wurde eine neue Sternbrücke, diesmal als Stahlkonstruktion und pfeilerlos, gebaut. Seitdem erreichen die Einwohner der Landeshauptstadt den Park mit all seinen Attraktionen problemlos.

Die friedliche Revolution 1989

Bis zur friedlichen Revolution 1989 wurde staatlicherseits penibel Buch geführt über Hunderte von Kennziffern, die Auskunft über den Zustand der Volkswirtschaft gaben. Die übergroße Mehrheit der Bevölkerung verdiente ausreichend Geld, um sich gut zu ernähren und maßvoll am gesellschaftlichen Leben teilzuhaben. Aber es bauten sich schleichend Unterschiede in der Gesellschaft auf. So konnten sich nur einige die Verheißungen der Westimporte in den Genex- und Intershopläden leisten. Die wachsende Unzufriedenheit über die nicht vorhandene Reisefreiheit, die schlechte Wirtschaftslage und die fehlenden Bürgerrechte führten zur immer größer werdenden Abkehr vom Staat und der Regierung, die letztendlich in die friedliche Revolution mündete. Regelmäßig versammelten sich bei Montagsdemos Tausende Magdeburger zum Protest gegen die herrschenden Verhältnisse. Der Widerstand gegen die Staatsgewalt wuchs, später der Wunsch nach einer Wiedervereinigung mit dem Westen.

Zur ersten Kommunalwahl traten insgesamt 34 Parteien, politische Gruppierungen und Verbände an. Der erste frei gewählte Oberbürgermeister Willi Polte (SPD) übernahm das Rathaus. Er führte die Stadt in zwei Legislaturperioden durch eine herausragende Aufbauphase und das mit viel Herz, Engagement und unerschütterlichem Willen. Seine Arbeit wird von vielen Magdeburgern bis heute respektvoll gewürdigt. Magdeburg ist inzwischen eine moderne, zeitgemäß ausgestattete Elbmetropole und Landeshauptstadt zugleich, in der die Lebensqualität kaum mehr von jener in anderen Großstädten Deutschlands zu unterscheiden ist. Es wäre noch viel zu erzählen über eine mitteldeutsche Stadt an der Elbe, deren Geschichte seit mehr als 1200 Jahren geprägt wurde von ständigem Auf- und Niedergang, einer Stadt, die immer wieder, ungeachtet vieler politischer Unwägbarkeiten, wie Phönix aus der Asche stieg, und von den Menschen, die das alles vollbracht haben.

Auf dem Foto ist ein Schweigemarsch abgebildet, der im Anschluss an das Gebet um gesellschaftliche Erneuerung im Dom stattfand und zur Kreisdienststelle der Staatssicherheit in der Walther-Rathenau-Straße in Magdeburg führte. Datum: 20.11.1989

Dr. Willi Polte bei einer Wahlkundgebung im Rotehornpark.

Weitere Bücher über die Region

Magdeburg – Farbbildband
deutsch / english / français
Jürgen Haase, Werner Klapper
72 Seiten
ISBN 978-3-8313-1960-2

Magdeburg
Gestern / Heute
Jürgen Haase
72 Seiten, zahlr. Farb- und S/w-Fotos
ISBN 978-3-8313-2467-5

Aufgewachsen in Magdeburg
in den 40er und 50er Jahren
Manfred Zander
64 Seiten, zahlr. Farb- und S/w-Fotos
ISBN 978-3-8313-2013-4

Echt clever!
Geniale Erfindungen aus Sachsen-Anhalt
Salka Schallenberg
120 Seiten, zahlr. Farbfotos
ISBN 978-3-8313-2999-1

Wartberg-Verlag GmbH
Im Wiesental 1 | 34281 Gudensberg
www.wartberg-verlag.de

Bücher für Deutschlands Städte und Regionen
Tel. 0 56 03-93 05 0
Fax 0 56 03-93 05 28